Para John Bruton,
con mucho cariño.
V. M.

VERÓNICA MURGUÍA

LUCIANA la PEJESAPO

ilustrado por
JUAN GEDOVIUS

LOS ESPECIALES DE
A la orilla del viento

FONDO DE CULTURA ECONÓMICA

El fondo del mar, cuando es muy profundo, es negro. La luz del sol no llega hasta allá, es como si siempre fuera de noche. Pero igual que en el cielo nocturno, en el fondo del mar brillan luces. Parecen estrellas. Estas luces están vivas: son peces, medusas, calamares.

Algunos peces son blandos como globos, o elásticos y con forma de serpiente. Otros semejan cometas. Las medusas, en cambio, parecen mariposas, flores, constelaciones. Y aunque son diferentes entre sí, todos se orientan en la negrura por la luz que emiten sus cuerpos.

El más luminoso de todos se llama Luciana y es un pejesapo hembra. Es un pez muy curioso, con luces en todo el cuerpo.

A Luciana le gusta explorar los rincones más lejanos del fondo del mar, alumbrándose con el pequeño globo que sale de su cabeza.

También le gusta jugar futbol y cantar en el coro de peces abisales. Ella tiene voz de soprano.

Un día —o quizá una noche, en el fondo del mar no se sabe—, después de ensayar una cantata, Cirano, el pez gota, comentó:

—¡Esta cantata es lo más bello del mundo!

—¿Lo más bello del mundo? —protestó Gorgona, una medusa presumida—. Cómo se ve que no conoces nada. El cielo es lo más lindo que hay.

—¿Más que el fondo del mar? —preguntó Luciana.

—¡Uy, mucho más. En la noche, la luna se mece entre cientos de estrellas parpadeantes. Y de día, el sol alumbra todo como una gran lámpara dorada. Aquí abajo no hay nada igual.

—Pero ¿cómo puede alumbrar todo el sol? —preguntó sorprendido el pez gota.

—Porque el sol brilla más que todos los animales del fondo. Es una medusa amarilla que te hace feliz cuando te ilumina.

Entonces, peces y medusas exclamaron: "¡Ooooh!"

Luciana la contradijo:

—¡No puedo creer que algo brille más que todos los animales del fondo!

—No lo creas porque nunca has viajado.

—Claro que he viajado. Conozco los rincones más oscuros del mar y a los animales más extraños. Un día jugué con un cachalote que era muy serio.

—Luciana, cualquiera conoce a los peces del fondo. Yo he platicado con muchos cachalotes. Pero tú no conoces a ningún pez de los de arriba.

—Es que no se me había ocurrido subir.

—Yo te puedo llevar. Ya verás que los peces de arriba son mucho más guapos que todos éstos.

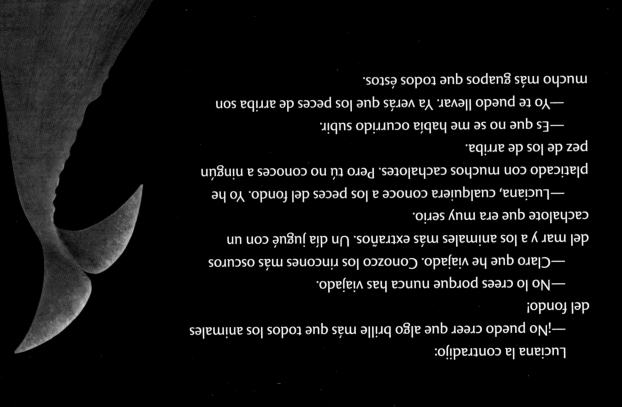

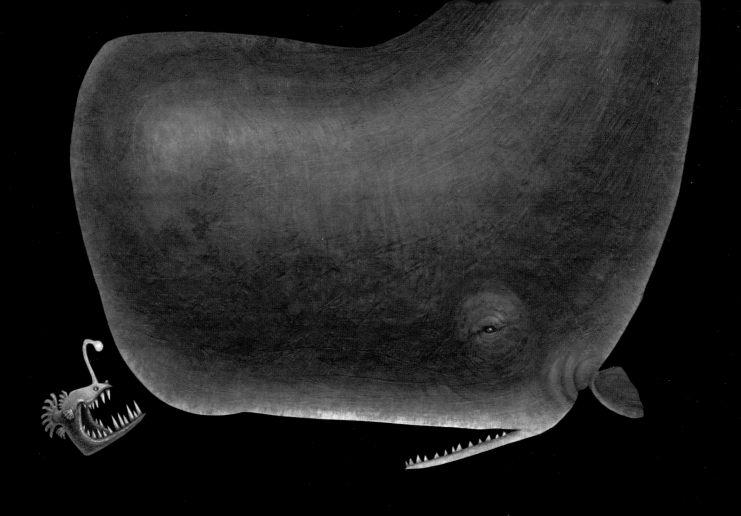

—¡Nosotros también somos guapos! —protestó Tiburcio, el pez hacha.

—¿Guapos? ¿Tú? Apuesto que no te has visto bien.

—Últimamente, no —respondió el pobre, que jamás se había visto en ninguna parte.

—Está bien, subiré contigo. A ver si lo que dices es cierto —dijo Luciana, desafiante.

—No vayas, no le hagas caso. ¿Y si algo te pasa? —la alertó Tiburcio.

—No lo escuches, Luciana. Es un miedoso. Es muy fácil llegar. Sólo sube, sube y sube. Yo sé lo que te digo —insistió la medusa.

—Si el sol es como dice Gorgona, quiero verlo —respondió Luciana.

—Eres una pesada, Gorgona —dijo Pézcula.

—Luciana, ¿y si te pierdes? —intervino Cirano.

—No seas metiche, narizón. Si se pierde, sólo tiene que nadar hacia abajo —dijo Gorgona.

—No tardo. No se preocupen —tranquilizó Luciana a sus amigos.

—¡Vamos! —gritó Gorgona y se abrió como un paraguas de colores.

Luciana nadó tras ella.

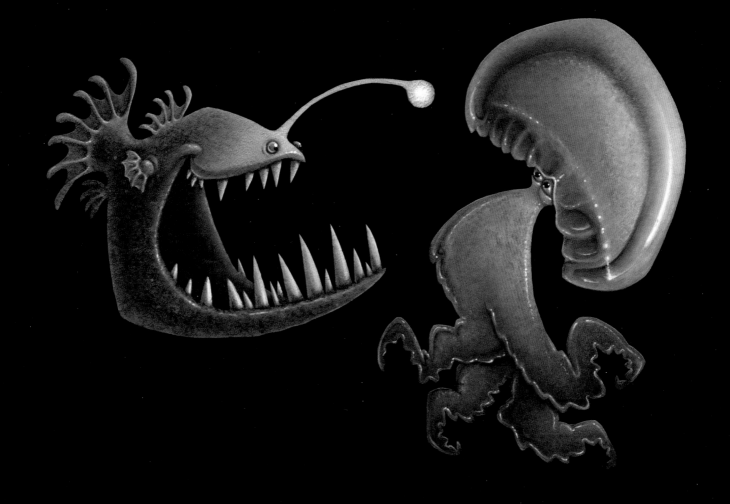

Nadaron un buen rato. Luciana ascendía lentamente, maravillada por el color del agua. Aunque también comenzaba a fatigarse: nunca se había alejado tanto de su casa. Gorgona, más ligera, subía veloz. De pronto, se elevó como un globo:

—Eres lentísima, Luciana. A este paso no llegarás a tiempo para ver el sol.

—Espera, ¿a dónde vas? Pensé que subiríamos juntas.

—¡Miedosa! Tengo que comprar un sombrero. Hay una barata, y si me tardo sólo quedarán sombreros pasados de moda —gritó la medusa, alejándose.

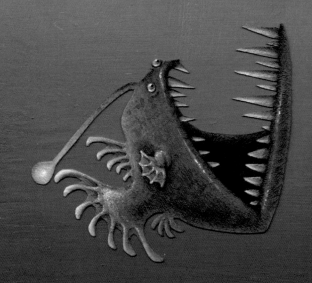

Luciana trató de nadar más rápido, pero Gorgona se perdió de vista. Pensó en regresar; sin embargo, el color verde azulado del agua, tan distinto del agua sombría del fondo, le dio ánimo y se dijo:

"¡Voy! ¡Voy, voy…! No vine tan lejos para regresar sin haber visto el sol."

Curiosa como era, Luciana siguió nadando hacia la superficie.

En ese momento, un pez muy colorido nadó junto a ella.

—¡Oye!, ¿cómo te llamas? —preguntó Luciana.

—Mandarín —contestó el pez sin detenerse.

—Yo soy Luciana.

Mandarín la miró. En esa parte del mar, iluminada por la luz del sol, los brillos del cuerpo de Luciana no se distinguían.

—¿Luciana? ¿Qué clase de pez eres? ¿Por qué tienes la boca tan grande y esa antena chueca?

—Yo soy un pejesapo hembra. Brillo con luz propia.

—Querida, tú no brillas en lo absoluto —se burló Mandarín.

—Pero… mis amigos dicen que soy una lumbrera.

Mandarín soltó una aguda carcajada. Pensó que aquella pejesapo, además de fea, era tonta. Enseguida, otros peces se acercaron.

—¡Mandarín! —lo llamó el pez picasso y añadió—: ¿Quién es tu amiga?

—No es mi amiga. Acabo de conocerla. Es un pejesapo.

—Pejesapo... hasta su nombre es feo —comentó el pez picasso.

—Que nos diga de dónde viene —ordenó Mandarín.

—Yo vivo en las profundidades —respondió Luciana, pensando que sus amigos habían tenido razón: no debió seguir a Gorgona.

—¿Y qué hay en el fondo? ¡Brrrr! No iría allá por nada del mundo —preguntó el pez escorpión.

—Hay peces, medusas, pulpos, calamares. Lo mismo que aquí —dijo Luciana.

—¿Lo mismo que aquí? No lo creo —dijo el pez mariposa—. Nosotros no somos como tú, aunque tus amigos quizá sí sean más horrendos.

—No son horrendos —se defendió Luciana—. Son fuertes y hábiles. Apuesto que ninguno de ustedes resistiría vivir en el fondo. Se morirían del frío y...

Pero los peces se alejaron sin escucharla.

Luciana sintió que se le apachurraba el corazón.
Gorgona había dicho que los peces de arriba eran
guapos, pero no mencionó que podían ser
superficiales y crueles.

El llanto le ganó. Al poco tiempo, una
morena salió de su agujero:

—Oye, ¡deja de llorar! No me dejas leer
tranquila. ¡Te voy a comer entera, a pesar de
tus dientes de alfiler!

La morena era muy grande, así que Luciana
huyó tan rápido como pudo.

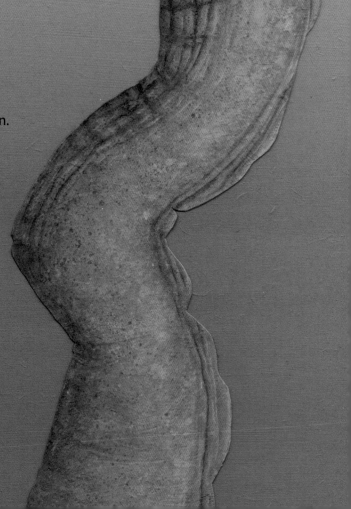

Luciana vagó por ahí. Cuando veía que se acercaba un pez, nadaba en dirección contraria. Al caer la tarde se animó a subir para que el viaje no fuera en vano. Al sacar la cabeza fuera del agua, la brisa le acarició la antena. El cielo era una cúpula de nácar azul veteada de rosa y el sol una enorme burbuja de fuego que pintaba de rojo las olas. Luciana se sintió feliz. Al menos en eso, Gorgona tenía razón.

Suspiraba maravillada cuando descubrió a una fragata portuguesa que flotaba a su lado.

—¡Qué belleza! El sol se pone, ¿verdad? —dijo la fragata.

—Sí. Es muy hermoso.

—Oye, ¿no eres un pez del fondo? Tu antena parece un farol.

—¿Se ve? —preguntó Luciana.

—Claro que se ve. Al rato brillarás por completo. ¿Y el fondo es tan maravilloso como dicen? Me han hablado de un coro de peces abisales.

Luciana sintió una punzada de nostalgia.

—Yo canto en ese coro. Soy soprano y también soy defensa en mi equipo de futbol. Ya tengo que irme…

—Espera a que anochezca. Tienes que ver el cielo de noche. Mientras, cuéntame del fondo. Me parece un lugar muy misterioso.

La fragata portuguesa se llamaba Magallana. Las dos conversaron hasta que Luciana se olvidó de las groserías de Mandarín.

Cuando la luna y las estrellas aparecieron sobre el negro de la noche, Luciana sintió tal alegría que se puso a cantar. Magallana la acompañó.

—Pareces un puñado de estrellas —dijo la fragata.

—¿Yo?

—Sí. Las luces de tu cuerpo brillan como estrellas.

Luciana sonrió por primera vez en todo el viaje y sintió unas ganas enormes de regresar al fondo.

—Ahora sí me tengo que ir.

—Adiós —se despidió la fragata—. Algún día iré a visitarte para escucharte cantar con tus amigos.

Luciana se sumergió.

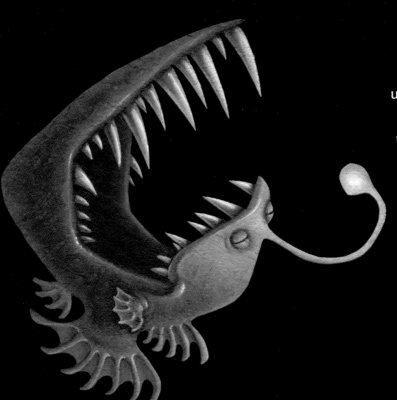

Nadó hacia el fondo, contenta de haber
visto por sí misma todo lo que Gorgona
había descrito. Mientras bajaba, escuchó
un llanto.

—Tengo miedo… —gimoteaba un pez.
Luciana se acercó. ¡Era Mandarín! Estaba
en pijama y ya no se veía tan lindo como en
la mañana. En la penumbra no se distinguían
sus colores.

—¿Por qué lloras? —preguntó Luciana.
Mandarín la miró sin reconocerla.

—Es que vi una sombra. ¿Y si es un pez fantasma? Me da miedo estar a oscuras, ¿a ti no?

—No, donde vivo es aún más oscuro. Pero no debes temer, los fantasmas no existen.

Luciana se acercó y Mandarín nadó hasta ella.

—¿Tú eres...? ¿Eres la pejesapo?

—Sí —contestó Luciana un poco incómoda, porque Mandarín se abrazó a ella y no la dejaba nadar.

—¡Qué bonito brillas! Quédate hasta que me duerma.

Luciana permitió que Mandarín la estrechara entre sus aletas. El pobre no dejaba de temblar. Entonces Luciana comenzó a cantar y el asustadizo pez sintió que esa voz serena lo tranquilizaba.

Antes de cerrar los ojos, Mandarín susurró:

—Tu canto es como el de las sirenas. Yo nunca he visto una sirena, ¿tú sí?

—Los peces del fondo somos las sirenas —contestó Luciana y siguió cantando—:

Duerme pececito, duérmete ya,
en la cuna de las olas, en el regazo del mar.

Mandarín comenzó a roncar y Luciana se sumergió hacia las profundidades.

A lo lejos, distinguió destellos de luz que dibujaban constelaciones entre la negrura.

Nadó más rápido para ir a su encuentro.

Distribución mundial

Este libro fue escrito con el apoyo de una beca
del Sistema Nacional de Creadores de Arte de México

© 2016, Verónica Murguía, texto
© 2016, Juan Gedovius, ilustraciones

D. R. © 2016, Fondo de Cultura Económica
Carretera Picacho Ajusco 227, Bosques
del Pedregal, C. P. 14738, México, D. F.
www.fondodeculturaeconomica.com
Empresa certificada ISO 9001:2008

Colección dirigida por Socorro Venegas
Edición: Angélica Antonio Monroy
Diseño: Miguel Venegas Geffroy

ISBN 978-607-16-3514-3

Primera edición, 2016

Murguía, Verónica
    Luciana la pejesapo / Verónica Murguía ; ilus.
de Juan Gedovius. — México : FCE, 2016
    [48] p. : ilus. ; 26 x 18 cm — (Colec. Los
Especiales de A la Orilla del Viento)
    ISBN: 978-607-16-3514-3

    1. Literatura infantil I. Gedovius, Juan, il. II.
Ser. III. t.

LC PZ7   Dewey 808.068 M4861

Comentarios y sugerencias:
librosparaninos@fondodeculturaeconomica.com
Tel.: (55)5449-1871

Se terminó de imprimir y encuadernar en marzo de 2016
en Impresora y Encuadernadora Progreso, S. A. de C. V.
(IEPSA), calzada San Lorenzo 244, Paraje San Juan,
C. P. 09830, México, D. F.

El tiraje fue de 9 000 ejemplares.

Impreso en México • *Printed in Mexico*